어느 시골 목사의 시로 쓴 묵상 2

주여, 부끄럽습니다.

주여,
부끄럽습니다.

펴낸날 | 2025년 10월 15일
지은이 | 유 현 성
펴낸이 | 유 승 현
펴낸곳 | 유목민이야기
등록번호 | 994992

편집 | 박경주
표지디자인 | 박경주

주　소 | 인천시 연수구 아트센터대로168번길 100, 한라웨스턴파크 송도 A3215
이메일 | nmdhyun@gmail.com
ISBN | 979-11-994992-0-1 (03800)
정가 12,000원

* 잘못된 책은 바꾸어 드립니다.
* 본 서의 수익금 일부는 선교사를 지원합니다.

주여,
부끄럽습니다.

유현성

어느 시골 목사의 시로 쓴 묵상 2

저자의 말

이제 갈수록
마른 막대기를 실감하는
이 시점에서
부족한 농촌목회
45년을 마무리하며
그동안 지은 시 일부를
지면에 올려
함께 나누고자 한다.

이 시가
나를 사랑하시는 하나님을
기쁘시게 할 수 있었을까?
우리 성도들에게
조금이라도
은혜를 끼쳤을까?

아니다.
감히 내가 이런 시를
쓸 수 있었다는 것에 놀라며
감사할 뿐이다.

부디
부족한 저의 시를
가끔 한 번씩 읽어준다면
고맙기 그지 없으리라.

샬롬, 2025년 가을 문턱에서.

어느 시골 목사.

차례

제 1장
고 백

14 —— 당신은 나의 왕
16 —— 나의 주님
20 —— 나를 제물로
22 —— 예수 그리스도
24 —— 오직 은혜로
26 —— 하나님의 사랑
28 —— 거울의 뒤편

제 2장
성 찰

32 —— 내가 죄인 되었을 때
34 —— 회개
36 —— 나를 믿지 말게 하소서
38 —— 깨닫습니다
40 —— 선택
42 —— 너는 어찌 살래
44 —— 그리 안 해도 되겠구만
46 —— 주여 부끄럽습니다

제 3장

동행

50 ── 성령
52 ── 성령의 전
54 ── 나의 보혜사
56 ── 성령님 당신은
58 ── 나의 그림자
60 ── 성경말씀
62 ── 나를 드리오니

제 4장

감사

66 ── 은혜로우신 주님
68 ── 감사합니다
70 ── 선물
72 ── 감사의 삶
74 ── 달팽이
76 ── 어서 오십시오
78 ── 범사에 감사합니다

제 5장
위로

82 —— 주님

84 —— 내일을 위해

86 —— 철부지 기도

88 —— 여보게! 용기를 내시게

90 —— 사막

92 —— 착각

94 —— 돌맹이

제 6장
자연

98 —— 겨울나무

100 —— 이 바람이 지나가면

102 —— 춘(春)바람 소리

104 —— 봄 만드는 비

106 —— 배꽃

108 —— 연어의 귀향

110 —— 세상만사

제 7장

독백

114 ···· 좋았더라
116 ···· 예루살렘아
118 ···· 젖과 꿀이 흐르는 땅
120 ···· 선악과 먹지 말라
122 ···· 정신 못 차린 아담
124 ···· 노아
126 ···· 바벨탑

제 8장

삶

130 ···· 흙
132 ···· 황토방에서
134 ···· 나를 만드신 분
136 ···· 나는 다이아몬드
138 ···· 하얀 도화지 한 장
140 ···· 세월
142 ···· 대마도 여행

제 9장

사랑

148 ― 참 좋은 나의 친구
150 ― 사랑
152 ― 사랑받은 사람
154 ― 강아지 사랑
156 ― 팔복
158 ― 하늘 평화
160 ― 샬롬아

제 10장

소망

164 ― 새천년 첫해
166 ― 오늘만
168 ― 호시절 가을
170 ― 나로 안식하게 하라
172 ― 나는 꿈을 꾸리라
174 ― 부르심
176 ― 이삭의 우물

본 시집은 유현성 목사의 45년 목회 여정 가운데
시로 쓴 묵상 중 일부를 엮어낸 시집입니다.

제 1장

고백

당신은 나의 왕

절대 선한 것 나올 리 없는
나사렛에서 나오신
부정한 이방인들의 도시
가버나움에서 살으신
유대인의 왕

서기관 제사장
바리새인의 눈엣가시
미움과 조소를
한 몸에 받은
유대인의 왕

사마리아 여인
백부장의 하인
수로보니게 아들까지
간섭하신
유대인의 왕

빌라도의 심문에도
백부장의 채찍에도
못 박힌 십자가 꼭대기에서도
무덤 속에 누워서도
유대인의 왕

당신의 역사를 이루라고
내 발목 붙잡고
입술까지 조정하고
내 속에서 살고 계신
당신은 나의 왕

나의 주님

순하기는 어린양 같은데
능하기는 하나님 같고

풍채는 없어 보이는데
마귀는 달아나고

고운 모양은 없는데
바람과 바다도 순종하고

위엄으로는 하나님의 아들 같은데
사랑하기로는 사람의 아들 같고

사랑스럽기는 연한 순 같은데
겉모습은 마른 땅에서 나온 줄기 같고

영광스럽기는 하나님의 아들 같은데
사람에게 싫어 버린 바 되었고

마구간에서 시작했는데
목수로 살고

집을 짓는 목수로 살았는데
하늘의 거처를 짓고

십자가에서 죽었는데
모든 무릎을 당신 앞에 꿇게 하셨네

지혜로는 솔로몬보다 더한데
십자가에서 변명도 못 하고

만왕의 왕으로 오신 이가
자칭 유대인의 왕이라 멸시를 받고

십자가에서 죽어야만 한다더니
나의 왕이 되시네

하늘의 하늘이라도 용납할 수 없는데
이 땅에 당신의 집 지으라 하시고

발등상 위에 지으라 하시더니
내 속에도 지으라 하시더니

하늘의 보좌 우편에 계신 분이
내 속에도 좌정하시네

나를 제물로

주님이 날 사랑하사
당신의 몸 주셨으니
나도 주를 사랑합니다
주의 제단에
제물로 써 주소서

속죄 제물 되신
주님 덕분에
구원함을 얻었으니
나를 주님 전에
제물로 드리겠나이다

화목 제물로
죽어주신
주님 닮아
나를 부인하며
화목을 이루고 살겠습니다

소제물 되신
주님을 닮아
늘 낮아져
고운 가루가 되도록
온유하게 나를 갈겠습니다

모두 태워
번제물로 드려지신
주님을 닮아
몸과 마음을 다해
주님을 섬기겠습니다

예수 그리스도

십자가에 못 박으소서
십자가에 못 박으소서
하나님을 아버지라 하였나이다
저렇게 말하는 자 없었나이다
참람함이니이다

채찍으로 쳐서 놓겠노라
죽여서는 안된다
저가 메시아라 하였다
저렇게 말하는 자 없었다
두렵지 않냐

죽이소서
죽이소서
살려둘 자가 아니니이다
십자가에 못 박아야 합니다
아니면 가이사의 충신이 아니니이다

명절이니 살려주겠노라
아무런 죄가 없는 너희의 왕에게
명절이니 은혜를 베풀겠노라
저 옳은 자를 상관하지 않겠노라
무슨 악을 행하였느냐

차라리 바라바를 살리소서
우리의 왕은 죽이소서
차라리 강도를 살리소서
이 시대의 의인은 죽이소서
우리와 우리 자손이 짊어지겠나이다

아니올시다
내가 대신 죽겠습니다
가시 면류관도 내가 받겠습니다
십자가에 못 박히겠습니다
이를 위하여 내가 왔습니다

오직 은혜로

단지 믿음 하나만으로
멸망치 않고
영생을 허락하신
은혜의 주님

거저 주신 선물로
죄 사함 받아
정죄 대신 용서를
질병 대신 건강을 주셨습니다

오직
하나님의 은혜로
파산의 눈물에서
나를 건지셨습니다

당신의 은혜 없이
내 힘으로
살았더라면
너무 무거웠을 것입니다

오늘도 부르시는
주님의 음성
두려워하지 말고 믿기만 하라
오직 주님의 은혜입니다

하나님의 사랑

너 아브라함아
너는 네 아들
독자 이삭을
내게 번제로 드리라

나도 나의 독자를
너희에게 보내
십자가에 제물로 드리리라

창시부터 함께 거하고
함께 의논하고
함께 사역했던
고귀한 독자다

그를 죽여 너희를 살리고
그를 버려 너희와 바꾸려는데

여호와 이레이니 좋다
아브라함의 믿음이 좋다
복 받아 좋다
자화자찬만 하니

내 가슴 열어
너희에게 보였는데
뻥 뚫린 내 가슴을
그 누가 채워 주랴

이제부터는
너희가 내 자식이라
나의 독자를 대신할
나를 닮은 나의 형상이 되어줄래

거울의 뒤편

당신이 나의 뒤를
가려주지 않았더라면
나는 내 얼굴을 보는 일도
없었을 거요

주님이 나를
대속하지 않으셨다면
나는 내게 허물이
있는 줄도 몰랐을 거요

날마다
당신이 내 뒤에서
나를 덮어주기에
오늘 내가 이렇게 환하게 웃고 있소

당신이 내 뒤에서
든든히 자리를 지키고 있기에
나는 오늘도 이렇게
행복할 수 있지 않소

그런데 왜
거기 그렇게 앉아있으면서도
어찌 한 번도 나 여기있다
말하지 않으셨어요

제 2장

성찰

내가
죄인
되었을 때

내가 죄인 되었을 때
죄인의 모습으로 오신 분
내가 형벌 받을 때는
나 대신 받으신 분

내가 넘어질 때
함께 하려고 오신 분
일어나 분발하라고
무덤에서 일어나신 분

철없어 투정할 때
철들 때까지
투정하는 말
가만히 들어주신 분

나랑 함께 살고 싶어
내 속에 들어오신 분
종의 형상으로 오신
영광스러운 분

이 어린 소자를 보느냐
물어보시는 분
이는 곧 내게 한 것이라
말씀하시는 분

활활 타오르는 사랑으로
나와 눈을 맞추시는 분
세상을 녹일 따뜻함으로
나와 눈높이를 맞추시는 분

회개

메마른 바람
여우의 울음소리
아무도 없는
삭막한 광야에도

하늘에서 비 내려
촉촉이 적셔
눈물이 앞을 가려
회한이 넘칠 때

주섬주섬
돌멩이를 주워내고
가시엉겅퀴랑
잡초도 뽑아냈습니다

다시 소 쟁기로 갈고,
엎드려 작은 돌멩이
작은 풀뿌리까지
주워냈습니다

모든 잡념을 불살라
주님을 사모하고
고집을 꺾어
순종하는 마음되니

내 마음이
어찌 이리 부드럽고
자비롭고
사랑스러워지는지

이것이
하늘이 비 내려
촉촉이
적셔주심이 아니옵니까

나를
믿지 말게
하소서

주여
내가 나를 믿지 말게 하소서
나에 대해서
늘 그렇게 절망하면서도
웬일인지 늘 나를 자랑합니다

이때껏 교만하다가 넘어져서
온갖 슬픔과 고통을 맛보고
온갖 모욕을 겪었으면서도
어제도 오늘도
나는 늘 나를 자랑스러워합니다

찾으면 찾을수록
내놓을 것도 없으면서
어리석음으로 옷 입고
미련함으로 화장하면서도
오늘도 나를 자랑스러워하면서

조금이라도 상처를 받으면
아파서 괴로워하고
자존심을 세우려고 분노하며
회개할 일에는
온갖 변명을 하나이다

주님의 긍휼이 없으면 안 되는
연약한 사람인 것을 알게 하사
나를 믿지 말게 하소서
그리하여
주께서 나의 주님 되소서

깨닫습니다

주께서 일찍이
당신의 입과 팔과 다리를
대신할 자를 찾으실 적에
강한 입과 강한 팔
강한 다리를 찾지 않으시고
얼버무리는 입과 약한 팔
흐느적거리는 다리를
찾으셨습니다

주님의 의중을 몰라
답답하고
어리둥절하여
날마다 울고 있을 적에
당신은
아무 말씀도 없이
그 약하디 약한 입으로
당신의 일을 대신하게 하셨습니다

지금 세월이 40년이나

훌쩍 지나 돌아보니

역시 당신은

나의 연약한 입을 0으로 두시고

당신의 능력이 100인 것임을

나타내고 싶어하시는

당신의 지혜였습니다

선택

무엇을 할까
어디로 갈까
어떻게 인생을 보낼까

먹음직한 것
보암직한 것
지혜롭게 할 만큼 탐스러운 것

육신의 정욕
안목의 정욕
이생의 자랑

나를 교만하게 할 것
다른 사람을 실족하게 할 것
모든 사람을 유익하게 할 것

나를 기쁘게 할까
사람을 기쁘게 할까
하나님을 기쁘게 할까

아름다운 꽃을 볼까
토실한 열매를 얻을까
깊이 박힌 뿌리를 볼까

나를 위해 먼저 할까
너를 위해 먼저 할까
먼저 주의 나라와 의를 위하여 할까

너는 어찌 살래

어찌 살래

너는 어찌 살래

어두운 세상 허둥대며 살래

어둠 속에 별빛을 보고 살래

어떻게 갈래

너는 어떻게 갈래

무거운 짐 지고 허덕이며 갈래

털털 털어버리고 갈래

어찌 살래

너는 어찌 살래

엄동설한 꽁꽁 언 세상을 살래

만물을 생동할 봄바람으로 살래

어디로 갈래
너는 어디로 갈래
불행의 집으로 갈래
행복의 집을 만들어 갈래

어떻게 살래
너는 어떻게 살래
각박하고 냉혹하게 살래
부드럽고 후덕하게 살래

어찌 살래
너는 어찌 살래
만나는 이마다 찌르며 살래
부드럽게 감싸주며 살래

그리
안 해도
되겠구만

야. 우리 거짓말 좀 하자
너는 나의 누이라
나는 너의 오라비라
죽어도 입단속하자

모든 민족의 아비
아브라함이
그랄 땅에만 오면
이렇게 작아지네

그리 안 해도 되겠구만
하나님을 두려워함이 없는데니
나 죽이면 어쩌나
죽기 싫어 아내를 팔았으니

비겁한 사람이요
겁쟁이요
자기만 아는 이기자요
하나님을 믿는 믿음도 약하니

그래도
그는 선택받은 사람이요
하나님을 두려워하여
순종하는 사람이니

너는 선지자라
하나님도 네 편 되사
당장 내보내지 않으면 죽이겠다
현몽해 주실 텐데

주여
부끄럽습니다

주여
세상에 이르는 재앙의 모습에
우리의 악함도 보고
심판의 두려움 앞에 떨게 하소서

강자에게는
한없이 약하면서도
약자에게는
한없이 강한 척하며

보이는 사람에게는
깨끗한 척하면서도
보이지 않는 하나님께는
부끄러워할 줄도 모릅니다

욕심스러울 때는
세상 전부를 삼키려 하고
내일의 심판은
한 올도 생각지 않습니다

어리석음을
둘러 마시기를 즐기면서도
지혜로운 말씀 앞에서는
산만하기 그지없습니다

어찌
이런 모습으로
하나님을 뵈오리까
나를 불쌍히 여기소서

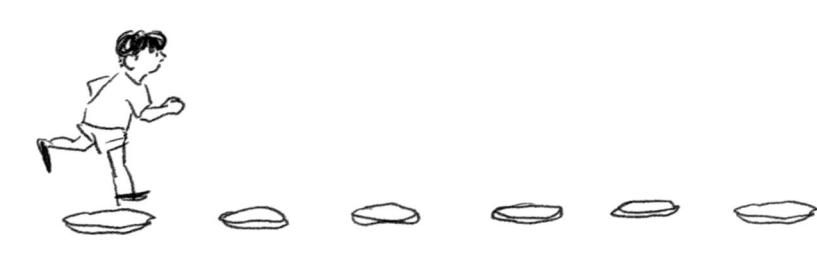

제 3장

동행

성령

폭풍처럼
온 세상에
예수 사랑
사람 사랑으로
능력 있게 불어라

하늘로서 불어
말구유(에) 찌든 때
헝클어져 지저분한
퀴퀴한 냄새 나는
세상 속을 휘저으라

가슴속에 불어
뻣뻣한 고집
답답한 가슴
부정한 마음
부끄러운 죄를 부수어라

순하게 불어
근심으로 받은 속병
눌려서 말 못 하는 고통
깊이 파인 슬픈 마음을
치유하라

새 바람으로
연한 순은 강하게
어리석은 자는 지혜롭게
강퍅한 자는 녹여서
온유하게 만들어라

성령의 전

말 한마디
눈짓 하나에도
혈기와 분노의 불이
맹렬한 나를
성령의 전이라 하시고

부딪치면 깨지고
긁으면 긁힌 흔적으로
상처투성이
볼품없는 질그릇을
성령의 집이라 하시니

담아주신 거룩함이
내 속에 번져
입가에 미소가 되고
눈은 반달이 될 때

머리에서 발까지
겉모습 속에 속마음
버릴 것 없는
옥그릇일세

자세는 반듯하고
손은 봉사하고
발은 달려가고
입술은 전도하여

주의 거룩함을
친절한 말씨
따뜻한 맘씨로
알알이 맺어갈 것일세

나의 보혜사

내 안에 오셔
깨우쳐 회개케 하시고
말씀하여 순종하게 하시고
결단하여 행하게 하시는 분

내 곁에 오셔
잠잠히 동행하시며
말없이 대화해 주시고
험한 세상 보호해 주시는 분

내 앞에서
예비하여 인도하시며
답답한 나를 기다려
섭리해 주시는 분

내 뒤에서
좌우로 치우침 없이
말없이 밀어주시며
든든히 보호하시는 분

그토록 거스리고 거역하는데도
훼방 받아 탄식하시면서도
세상 끝날까지
늘 함께 하시는 분

성령님
당신은

혼돈과 공허만이 가득하고
흑암이 깊음 위에 있을 때
수면에 운행하시며
하나님의 명령을 기다리셨지요

예수 그리스도를 잉태하게 하고
오순절 이 땅에 오셔서
사람 속에 들어와
하나님의 나라를 펼치셨지요

이 험난한 세상
성령님 당신은
내 속에 들어와
무슨 일을 하려 하십니까

성령님
당신의 손에 붙잡혀
쓰임 받고자 하면
어찌해야 합니까

어둠 속에 빛을
혼돈 속에 질서를
사람 속에 생명을 주는 일에
나를 보내소서

나의
그림자

날 사랑하사
나를 떠날 수 없어
뱅뱅 돌고 있는
나의 친구야

아무리
떨어버리려고
지근지근 밟아도
떨어질 수 없어

무엇이 아쉬워서
나를 잇대고
날 떠나지 못하며
그토록 날 사랑하는가

내게 무슨 볼일이 있어
늘 내 곁에서
무슨 할 말을 그리 못하고
서성이는가

혹시
주님으로부터
보내심을 받은
성령님이 아니신가

보내신 이의 뜻
깨우치사
주님 기뻐하시는
열매 맺게 하옵소서

성경 말씀

하늘을 진동하며
땅을 울리라
어둠을 뚫고
나팔수 되어
달음박질하여
내 가슴을 때리라

머릿속까지
천둥소리 되어
메아리치고
잔잔한 가슴에
꽃을 피우게
나에게로 오라

눈 뜨고 귀 열린
옛적 선지자들이
하늘의 뜻을 고이 담아
오늘까지 보듬어 온
말씀의 보고
단 꿀 되어

천지를 창조하여
아브라함에서 예수님까지
영원한 세계까지
맛있는 떡 되어
단숨에 읽어
가슴에 담게

가슴속까지 후련한
하늘 맛
푸른 맛
땅을 굴려 온 누른 맛
쫄깃쫄깃한 되새김 맛
돌아서서 또 생각날 맛

나를
드리오니

주여
나의 전부
당신께 드리기를
계속하게 하소서

굳어 있는 나를
녹이고 펴서
부드럽게 하여

성령으로
입혀지고 스며들어
성령의 사람이 되어

당신의 생각과
지혜와 권세와
능력으로 임하시고

감동하시고 충만케 하사
성령의 열매 맺게 하시기를
계속하게 하소서

내 안에 주인 되어
말씀하시고 깨우쳐서
성령의 삶을 살게 되기를

사모하고 기다리며
드리기를
끊임없이 계속하게 하소서

제 4장

감사

은혜로우신 주님

당신은
어쩜 그렇게
배알도 없으신지요?
말없이 아무 조건 없이
그렇게 퍼 주시나요

당신을
원망하고 배신하여
심기 불편하셨을 텐데도
다음날 이른 아침
여전히 만나를 부어주셨습니다

그 엄청난 은혜를
원수로 갚는
배은망덕의 사람들
의로운 자 불의한 자 모두에게
변함없이 해를 비추셨습니다

아무리 봐도
부정한 세상인데
거룩하신 당신의 눈에
온전할 리 없건마는
올해도 감지덕지입니다

화딱지 나는 세상
곱씹어 생각할수록
분이 치밀어 오르는데
저희는 언제쯤
은혜를 베풀며 살겠습니까

감사합니다

오늘 여기 있어
호흡하고 있음이
눈을 떠서 바라볼 수 있고
서서 걸을 수 있음이
얼마나 감사한지요

불신의 어리석음을
벗게 하시고
하늘을 우러러
사모하게 하시니
감사할 뿐입니다

결박당한 내 모습을
안쓰러워하시고
두 팔로 안아주시고
대속의 은혜 주시니
감사합니다

미련하여
어리둥절 앞길 몰라
안타까워하셔서
성령님 동행하시니
이 또한 감사합니다

보잘것없는 나를
멸시하지 않으시고
주님 영광 나타낼
도구로 사용하시니
어찌 감사하지 아니하리요

선물

가시를 선물로 주어
아픔이 축복임을 알게 하시려고
밤을 새워 눈물 흘리게
하셨습니다

번쩍이는 껍데기를
거두어 가시려고
그토록 고통스런 쓴 뿌리를
내게 주셨습니다

혼자 일어나
걷게 하시려고
비틀거리는 나를
내버려 두셨습니다

어리석은 내 모습을
보게 하시려고
내 앞에 거울을
세워두셨습니다

배불러
교만하지 않게 하시려고
메마른 광야 길에서
나를 낮추셨습니다

이름뿐인 감사로
진노하고 싶지 않으시기에
아픔의 십자가를
주셨습니다

감사의 삶

구원의 대열에 서서
세상을 바라보니
우리는 모두
소망의 순례자

십자가의 공로로
아브라함의 자손 됨은
거저 주시는
하나님의 선물

감사함으로
하늘을 우러르고
기쁨으로 사랑하니
감사의 사람 사랑의 사람뿐일세

내게 주신 모든 선물
성실하게 관리하여
주님이 만족해하시고
우리는 행복하니

부족해도 넘쳐도
모두가 감사할 뿐
핍박해도 그만이고
미워해도 좋으니

내게 주신 생명
하나님이 구별하셨으니
내게 주신 모든 삶이
아름다운 그림이로세

달팽이

너무나도 메마른 세상
나는 걸어갈 수가 없네

남들은 세상살이가
그리 쉬운 듯
성큼성큼 잘도 가지만

나는 내 속에서
진액을 만들어 바르지 않고는
걸어갈 수가 없어

내게는 배춧잎에 붙은 솜털조차
덤불이기 때문이라네

너무나도 무서운 세상
나 위에서
가려주는 집이 없이는
걸어갈 수가 없네

내게는
구름 장막 없는 밝은 빛도
자외선이기 때문이라네

너무나도 심심한 세상
나는 내 속에
물렁물렁한 속살이 없이는
걸어갈 수가 없네
내게는 내 속에 흐르는
기쁨이 없이는
살 수가 없기 때문이라네

어서
오십시오

어서 오십시오
내 안에.
비어있는 내 집에
당신을 모시렵니다

빛으로 오십시오
어두컴컴한 집이니
어둠을 몰아내고
환하게 비추어 주십시오

왕으로 오십시오
왕좌를 비워놓았으니
지금까지는
내가 왕이었습니다

이제 당신이 주인입니다
지금까지는
내 인생 내가 살아
판단도 결정도 내 것이었습니다

당신의 온유한 기름을
통째로 부어주시면
냉랭하고 딱딱하던 내 속도
따뜻하고 부드러워질 것이요

당신이 겸손함의 자리를
내 속에 펼쳐주시면
나도 그 자리에서
무릎 꿇는 시간이 많아질 것입니다

당신의 능력으로 오십시오
치유하시면
썩고 병들어있는 내 속도
새 것이 될 것입니다

범사에 감사합니다

때로는
근심으로 밤 지새우며
입맛을 잃어버린 적도 있었으나
돌이켜 보니
얻은 게 없었습니다

때로는
속이 많이 상할 때도
억울하여 분을 삭일 때도 있었으나
돌이켜보니
내가 회개할 일이었습니다

때로는
사망의 음침한 골짜기를 걸으며
두려움에 눌리기도 했으나
돌이켜보니
두려워할 일이 아니었습니다

때로는
궂은 비가 울적하게 하고
원망 불평이 솟아 올라왔으나
돌이켜보니
모두 감사할 일이었습니다

제 5장

위 로

주님

전에 나 혼자
아무도 없는 곳에서
억울한 가슴을 달래며
울고 있을 때
날 보고 계셨지요

활활 타오르는
속병 때문에 생긴
멍울진 가슴을
움켜쥐고 있을 때
날 보고 계셨지요

주를 사랑한다 하면서도
아직은 버릴 수 없는
세상 정욕 때문에
양다리 걸친 것도
다 보고 계셨지요

불같은 성격 때문에
눈에 뵈는 것 없이
벌컥 화를 내서
나도 저도 불이 붙어버린 것도
다 보고 계셨지요

그래도
주님을 이렇게 사랑하여
주님의 은혜의 날개 아래
거하고 싶은 이 마음을
오늘도 다 보고 계시지요

내일을 위해

지금은 월동 시간
아무리
당분간이니 참으라 해도

거무티티 주저앉아
아무도
바라봐 주지 않고

싸늘하게 외면하는
소꿉친구들의
배신에

당장이라도
훌훌 털고 일어나
싱싱한 내 모습으로
보이고 싶건마는

아이야 참자.
이대로 낮아지자
죽어진 대로 살자
자존심까지도…

어차피 이 계절에
푸른 잎 내 보일 수 없고
월동이 없으면
풍성한 봄이 없으리니

철부지 기도

주여
나의 철없음 때문에
아무것도 모른 아이가
엄마의 무릎에 앉아 행복해하듯
주님의 치마폭에 쌓여 살게 하소서

주여
나의 모자람 때문에
다행스럽게 하시고
그 모자람이
나로 승리의 비결이 되게 하시고
나의 복됨이
모자람 때문이었다 말하게 하소서

주여

밤새 잠 못 이루는 아픔 때문에

당신이 아쉬워지게 하시고

그 아픔이 나로 시은소施恩所 찾게 하시고

주님의 어루만지심이

나의 아픔 때문이었다 말하게 하소서

주여

눈두덩이 벌겋도록 울 때는

위로의 보자기에 싸여 있게 하시고

그 울음 때문에 평안하게 하시고

그 울음이 감사의 조건이 되게 하소서

주여

사망의 음침한 골짜기 때문에

내 팔자를 고치게 하시고

나의 나 됨이

그 골짜기 때문이었다 말하게 하소서

여보게!
용기를
내시게

엊그제는
환한 웃음이더니
오늘은
쓴웃음인가

자신만만하던 그 모습은
다 어디 가고
어찌 그리 힘이 없어
절망하는가

하나님이 너무 감사해
몸 둘 바 모르더니
지금은
감사도 시늉뿐인가

무슨 연고
누구 때문인가
밤새 무슨 징조가 보였던가
의사의 말 한마디 때문인가

여보게
용기를 내시게
지구가 지금도 돌아가는데
하나님의 시계도 변함이 없을 걸세

하나님이 허락하지 않으면
참새 한 마리도 떨어지지 않는데
사람의 생명이 참새보다
못 할 터인가

여보게
용기를 내시게
아무리 세상이 변해도
자네 곁에는 주님이 계시지 않은가

사막

못 견디게 그리워서
애 태우며 기다려도
주시는 물 없어
사막이 되었소

그러나 사실은
따뜻한 태양 볕만
좋아하다가
사막이 된 것이오

궂은 비 싫어하고
보암직한 밝은 빛만
선물인 줄 알다가
사막이 되었소

헤픈 웃음으로
사막이라 비웃으며
날 업신여기지 마시오

하늘이 비 그치고
행복한 태양 볕만
계속 비쳐오면
당신도 사막이 되는 거요

착각

우리는 어쩌면
영원히 죽지 않을 것처럼
교만의 사슬을 목에 걸고
이 땅에
바벨탑을 쌓아가고 있는지 모릅니다

우리는 어쩌면
한 번도 아프지 않을 것처럼
연약한 자를 빈정거리며
건강한 척
뛰어다니고 있는지 모릅니다

우리는 어쩌면
주님이 다시
살아나지 않을 것처럼
의심하며
비열하게 살고 있는지 모릅니다

우리는 어쩌면
우리가 다시
부활하지 못할 것처럼
모든 정력을
이 땅에 쌓고 있는지 모릅니다

우리는 어쩌면
주님이 지금
곁에 계시지 않은 것처럼
이 세상을
나 혼자서 싸워 가는지 모릅니다

돌맹이

이리 구르고 저리 구르다
이 사람에게 차이고
저 발에 차이다
아픔에 못 이겨
닳고 닳아빠진 너

웬만한 아픔과 슬픔은
견디다 견디다 삼켜버려
이제는
아픈 줄도
슬픈 줄도 모르게 된 너

필요할 땐
주워 쓰이다가
필요 없을 땐
미련 없이 버림을 받으면서도
또 누군가의 손길을 사모하는 너

그래도 내일을 위해
숨겨둔 웃음을
꺼낼 순간만 기다리는
너에게도
살아가야 할 이유가 있다

눈도 귀도 입도 없어
보지도 듣지도 말하지도 못해도
외로이 길가에 놓여
나그네들에게 차여야 할
이유가 있다

제 6장

자연

겨울 나무

산봉우리를 향해
열심히 기어오르는
검은 군사들

용솟음치던 생수
잠깐 멈춰
힘이 없으련만

양팔 벌려
양팔 벌려
꿋꿋하게 견디다

푸른 잎 붉은 꽃
자랑스럽던 엊그제 영화
다 포기하고

그토록 밀어주던 사랑
소식끊겨
배신감에 잠 못 이루어도

북풍한설
매서운 바람에도
고개 숙이지 않다

죽었다 해도
절대 믿음직한 밑둥 뿌리
봄소식 기다리며 감싸 주다

이 바람이 지나가면

북녘 창 열어
흰 눈 만들고
살얼음도 만들어
세상 온통 얼게 했던
이 바람이 지나면

냉랭한 가슴에
찬 바람 불어
마음까지 얼리고
삭막한 세상 만들었던
이 바람만 지나가면

지면이 풀리고
땅 속까지 꿈틀대며
동면 개구리 기지개 켜는 소리
아지랑이로 들려오면
얼었던 동맥도 풀려 흐르리

북녘 창 닫히고
막혔던 남풍이 올라오면
푸근한 봄비 온 세상 적셔
뿌리 운동 시작하고
꽃눈 입 벌려 활짝 피어나리

이 바람만 지나가면
하늘 바람 다시 불고
성령의 바람 다시 불면
게으른 아이 눈꼽 떼고
잠자던 심령 깨어나리

이 바람만 지나가면
이 바람만 지나가면
새 희망의 바람,
생명 살리는
성령의 바람이 다시 불어오리

춘(春)
바람 소리

꽃샘 추운 바람 소리
춘(春)바람이 올까 봐
샘내는 소리

이제야 들려오는
따뜻한 하늘 소리
땅속 고동 소리
나무 속 약동 소리
내 가슴 박동 소리

흐물흐물 녹는 소리
흥얼거리는 도랑물 소리
아지랑이 피어올라
얼었던 남북이 허물어지는 소리

아홉 달 반 된 아이 발차는 소리
개구리가 땅을 여는 소리
온 세상 새싹들이 땅 찢는 소리
서로 먼저 나오겠다 다투는 소리

신입생들의 학교 가는 소리
우리 교회의 기도 소리
죽었던 생명 살아나는 소리
일제히 들려오는 춘(春)바람 소리

봄 만드는 비

눈도 얼음도 녹았고
개구리는 진즉에 나왔고
매화도 피었건만
밤새도록 오는 비가
봄을 만든다.

말라 비틀어
지체하는 봄꽃 뿌리에
활짝 웃지 못해
억지로 웃는 꽃잎에

쩍쩍 갈라진 논바닥
바라보는 농부의 마음에
미세먼지 가득한 세상
답답해하는 백성들 마음에

도도록이 내민 벚꽃 망울이
툭 터치고 나오게
바짝 마른 내 심령에
감사 찬양 넘쳐흐르게
밤새도록 오는 비가
봄을 만든다

배꽃

그 어디에
그리도 깊이
숨겨 놓았던가

진서리 내리던 날부터
북풍한설 동토 속에서도
죽지 않고

죽은 듯
잠든 그 나뭇가지 끝에서
새순을 틔워내고

하얀 꽃을 피워내기까지
땅 밑에서는
그루터기 잔뿌리

하늘에서는 줄기와 잔가지들이
그 얼마나 몸살을 앓아야 했던가
그 인동의 세월

그러기에 넌
유난히도 하얀 밝은 세상을
만들 수 있는 것이냐

그리도 아름다운 것을
어디에 깊이
숨겨 놓았더냐

연어의 귀향

엄마 가슴
고향 품 떠나 십만 리
수 천만 형제가 떠나왔었다

알래스카
멀고 먼 바다
격랑에 시달리며

무수한 상어 떼에 놀라며
고래 입속을 들락거리면서도
오직 고향만 생각했다

돌아가야지
짝을 만나
돌아가야 한다

험한 세상
쓴맛을 볼수록
나를 낳느라 입은 상처로

죽은 엄마 품이 그립다
아빠가 그립다
종아리 때려주던 선생님이 그립다

산란장을 만들고 나면
그 상처로 죽더라도
십만 리 먼 길을 가다 죽더라도

수만 개의 알 뱃속에 싣고
상어 떼 돌고래가 무섭더라도
그래도 그래도 돌아가야 한다

세상만사

내려오는 햇빛
눈 비 촉촉이 내려
이렇게 살만한 세상에서
억지로 오르는 아지랑이
억울하여 우는 소리 들리는가

뭉쳐 준비하는 비구름
고기압은 저기압으로
저기압은 고기압으로
채워지는 기압골
불평 없이 이동하는 모습도 보는가

높은 곳에서 낮은 곳으로
골짝 물 모여 시냇물
시냇물 모여 강물
강물이 모여 바닷물
하늘로 오르는 웃음 소리도 들리는가

부자는 낮아지고
낮은 자는 높아지고
우는 자는 웃고 웃는 자 우는데
억울하다 한탄 마라
밤새워 잔치할 때도 있지 않느냐

바람이 부는 대로
물이 흐르는 대로
만드신 이치와 섭리대로
하나님을 잠잠히 따라
감사하며 사는 삶 어떠하뇨

제 7장

독백

좋았더라

웃음꽃 피는 하늘의 별들
사시절 아름다운 세상에
으르렁거리는 맹수들
마음 놓고 뛰노는 사슴 노루가

거닐고 있는 아담
기대어있는 하와가
생명 나무
선악을 알게 하는 나무가

생육하고 번성하여
넘치는 이가
정복하여
다스릴 이가

믿음으로
꿈을 먹고 사는 이가
사랑하여
인내하는 이가

찬양하고
감사하는 이가
기뻐하고
즐거워하는 이가

내가 보기에도
이리 좋은데
하나님 보시기에
어찌 그리 좋은지요

예루살렘아

하늘 아래 땅 아래
높은 선봉에 서서
한 손에 은총을 거머쥐고
한 손에 오만의 꽃피우며
세상을 호령하던 너

선민이라 성전이라
독선과 이기로 가득 채워
분당과 질시로 묶어
금 그어놓고
언제까지 엿판을 벌일 테냐

냄새나는 송장에
잔뜩 회칠해 놓고
엽전 몇 잎 위해
의미도 없이
언제까지 조상을 팔 테냐

생명의 기운도 소진하고
소망을 위한 몸부림도 없이
어쩌자고 자꾸만
과거 속으로
영원히 고착되어 가느냐

오만의 소쿠리를 내려놓고
천하 만민이 복을 받게
너를 포기하고
이 땅에 진정한 제사장이
될 마음은 없느냐

젖과 꿀이 흐르는 땅

젖과 꿀이 흐르는 땅은 어디뇨
하늘에서 비를 주고
땅에서 물이 솟고
솟은 물 머금어
붙잡아 두는 곳이지

날 궂이를 자주하고
사방에 잡초가 나서
잠시도 쉴 수 없어도
아기자기 요모조모 잘 가꾸어
꽃 열매로 주를 찬양하는 곳이지

젖과 꿀은 어디서 흐르느뇨
하나님이 주신 은혜
쉼 없이 솟아나고
주신 사랑 되새겨
내 가슴에 붙잡아 두는 곳이지

좁고 협착하여
밤을 낮 삼아
두 눈 퉁퉁 붓도록 기도하고
눈물이 마를 날 없어도
꽃 열매로 영광 돌리는 곳이지

푸석푸석한 먼지가
좌절과 고통의 심연까지 덮일 때
시원한 성령의 생수가
주님을 바라는 내 심령에
촉촉이 적셔줄 때이지

선악과
먹지 말라

선악을 알면 안 되니
정녕 죽게 되니
선악을 알게 하는 나무
그 열매는 먹지 말라
차라리 생명나무 실과만 먹어라

온갖 감언이설로
뱀이 꼬이더라도
하나님같이 눈이 밝아질까
미혹이 되더라도
선악을 알려 하지 말라

웬일일까
호기심 발동하여
선악을 더 알고 싶더라도
더 깊이 캐고 싶더라도
선악은 알려 하지 말라

선과 악
모든 판단은
오직 그분의 것이니
지혜롭게 할 만큼 탐스럽더라도
사람을 선과 악으로 보지 말라

사람을 생명 자체로 보라
먹어서 만족하고
먹을수록 기쁨이 충만한
사람 살리는 일만 하라
생명 살리는 말만 하라

정신
못 차린
아담

여호와여 내가 여기 있소
당신이 두려워 여기 숨었소이다
그래도 이제는
어느 정도 괜찮소
다행히 무화과나무 잎으로
치마를 만들어 입었으니까요

나의 눈이 이렇게 밝아질 줄이야
하나님같이 되고 싶었는데
나의 수치만 보이다니
벌거벗은 내 모습이 부끄러워
당신 앞에 나설 자신이 없소

그래도 내 입에선
당신 탓이라 말하고 싶어
당신이 나와 함께 하게 하신 여자
당신이 만들어놓은 그 뱀이
나로 먹게 했다고
변명하고 싶소

에덴동산 쫓겨나
해산의 고통을 겪고
가시덤불 토지를 갈아
땀 흘려 나의 근본을 갈아
죽을 고생해 봐야
정신 차릴지 모르겠소

노아

코를 들고
숨을 쉴 수 없는
죄악이 관영하던 시대
하나님의 진노가
하늘을 찌르고
어둠이 세상을 삼키던 때

밝은 빛줄기 하나
하늘로부터
은혜로 임했네

모두가
제 고집으로
강퍅한 그림을 그리던 그때
하나님이
그 그림 찢어버리고
새 그림 그리고 싶어 하실 때

하나님 앞에
진정한 회개의 눈물로
대신 슬퍼하는 사람 있었네

아무도
두려울 것 없어
안하무인이던 시대
세상을 물로 심판하시려고
하나님이 잔뜩 벼르고 있을 그때

산 위에 방주를 지으라 해도
무조건 예, 아멘.
하던 사람이었네

바벨탑

어찌하면
웰빙 시대를 살아볼까
흩어지지 않고도
하나님도 부러워할 만큼
우리 이름을 내자

진흙을 이겨
벽돌을 만들자
진흙 대신 역청으로
불에 구워
돌보다 단단하게

성을 쌓고
대를 쌓자
꼭대기를 하늘까지 닿게 하여
흩어짐을 면하고
우리의 이름을 내자

우리는 한 족속
언어도 하나
한마음 한뜻으로
굳게 뭉쳤으니
누가 감히 훼방하랴

그러나 하나님이 말씀하셨다
저들을 흩어버려
정복하는 일을 하게 하고
언어를 혼잡하게 하여
사람 뜻대로 되지 못하게 하라

제 8장

삶

흙

밟으면 밟히어
반죽이 되더라도
아픔의 비명도 못하는
한 덩이 흙이다

모든 이들의 발에
무참히 짓밟힐지라도
무엇을 심든지
그대로 거두는
한 덩이 흙이다

물을 부어
사흘만 두어도
새싹이 솟아나는
생명력이 풍성한
한 덩이 흙이다

세상의 모든 찌꺼기까지
덮어주고 안아주어
깨끗하게 정화시키는
한 덩이 흙이다

너도 나도
하나님이 주물럭거려
꼼꼼히 만드신
한 덩이 흙이다

황토방에서

흙으로 빚어진 사람
흙을 이겨 집을 짓고
흙집에 갇혀

흙 냄새 살 냄새 맡고
원적외선 받아
자외선 이겨내고

흙 농사 단 음식 먹고
흙을 밟고
흙에 누워

하늘을 바라보니
하나님의 생기
생령으로 다가오네

흙 사랑 하늘사랑
육신도
영혼도

흙을 밟고
하늘을 바라보다가
흙에 들어가
하늘 사람 되리라

나를
만드신 분

주께서 나를
모든 사람의 발밑에 낮추사
사람들의 질시를 받고
부끄러워
머리를 감싸고 울고 있을 때

나의 계획을 무산시켜
깊은 절망감에 사로잡혀
사망의 음침한 골짜기를
걷고 있을 때

삶에 대한 불평이
나를 짓눌러
아무 일에도
흥미를 잃고 있을 때

은근히 나의 부요함을
자랑하고 싶은데
아무도 알아주지 않는 들판에
외롭게 서 있을 때

주님은 내 속에서 교만을 제거하시고
적은 것도 소중하게
높아지기 포기하고
범사에 감사하는
나의 내일을 만들어 가고 계셨습니다

나는
다이아몬드

나는 다이아몬드
지존의 하나님이
그 아들로 대속한
극상품이다

세상의 모든 사람이
나의 영롱한 빛에
환장하도록
사모하는
다이아몬드다

그럼에도
나는 오늘
두 간격 속에 눌려
광야 길
서러운 눈물

종살이
힘겨운 싸움을
마지막 종점까지
계속한다

오늘도 주님은
나를 깎고 계신다.
64면체 최고급 다이아몬드로
환상적인 빛을
비출 때까지

오늘도 나를
깎고 또 깎으신다
내가 아멘 할 때까지

하얀 도화지 한 장

주님
울 어머니 날 낳기 전부터
예쁜 그림 그리시려고
하얀 종이 한 장
준비하셨지요

그런데
주님이 손도 대기 전
그것이 제 것인 줄 알고
제 마음대로
저 같은 그림을 그렸습니다.

그것도 제 마음대로 되지 않아
아무렇게나 끄적거리고
까맣게 뭉개버리고
꼬깃꼬깃 구겨
던져버렸지요

아무것도 할 수 없어
포기하고 있을 때
주님은 말없이
버려진 종이를 정성껏 펼쳐
다시 하얀 종이 한 장으로
준비하셨습니다

주님
이 하얀 종이 한 장에
원하시던 예쁜 그림을 그리소서
제가 그리면 낙서가 되지만
주님이 그리시면
명작이 되기 때문입니다

세월

벌써
한 해가 저물었네요
왜 이리 빠른지
1년의 세월

생각해 보니
시속 11만 km
초속 30 km
속도로 달렸습니다.

오늘 하루도
40,000 km를
시속 1674 km
초속 465 m 속도로
열심히 돌았습니다

이 세월
다리도 아프지만
숨도 찹니다
지금도
쉬지 않고 달립니다

제발 제발
빌어도
소용이 없습니다

대마도 여행

비 내리는 이즈하라 항
아랫도리가 다 젖어도
기대가 부푼 땅이었소
그러나 점심 먹고
용감한 이들을 제외하고는
이내 부푼 꿈을 접었소
덕혜옹주를 뵙고자
거센 비 속에서도
갔어야 했는데
젖은 옷과 신발
화장지로 닦아내고
드라이기로 말리기로 작정했소

다음날

만관교에 이르니

육지를 잘라 섬을 만든

일본군의 지독한 영리함이

발트 해를 떠나

지구의 4분의3이나 되는

29,000Km를 항해해 온

지칠 대로 지친

러시아 수병들을 덮쳐

이순신의 학익진에서 힌트를 얻은

T 자 대형으로 싸워

1905년 5월 27일
로제스트 벤스키 제독이 이끄는
러시아의 자랑스런 발트함대
전함 8척 군함 34척
공작선 병원선을 포함한 49척이
제대로 힘 한번 써보지 못하고
일본의 총사령관
도고 헤이하치로에 의해서
전사자 5045명이나 남기며
전복되고 말았소

이 일로
러일전쟁이 종식되고
러시아의 식민지로 살 뻔했던
우리 민족이
일본의 식민지가 되어
36년 동안 그토록 고생하였더라니

중상모략에 열중하느라
나라 안에 일도
감당하지 못했던 선조들이
49 km밖에 안 되는 거리에 있는
이 귀한 우리 땅 대마도를
일본에 말없이 하사해 버렸으니……

지금 나도
내게 주신 하나님의 은총을
감당하지 못하여
마귀의 손에 빼앗기고
살지는 않는지?

제 9장

사랑

참 좋은 나의 친구

내가 괴로워서
털어놓을 곳이 없어
당신을 찾아가
많이 많이 울었을 때

당신은
아무 말 없이
내 등을 토닥이며
내 아픈 가슴속까지
만져주셨지요

내가
당신 앞에서 일어설 때
당장에 나가서
어찌해야 할 것까지
다 일러주셨지요

모든 사람이
손가락질로
나를 비방
당신만은
빙그레 웃고 계셨지요

이불 속에 얼굴을 묻고
슬픔에 잠겨있을 때도
당신은 내 곁에서
아무 말 없이
보고 계셨지요

지금은
이렇게 평안하여
당신을 찾지도 않아
배신감 느끼실 텐데
어쩜 당신은 내 곁에 계셔
아직도 내 친구가 되어 주시나요

사랑

사랑은
넉넉해서 좋다
가득하여
넘치는 것이 좋다
변함없음이 좋다

사랑은
순해서 좋다
항상 주기를 좋아하면서도
잠잠하니 좋다
나타냄이 없으니 좋다

사랑은
깨끗하니 좋다
남을 위하면서도
성내지 않으니 좋다
용서해 버리니 좋다

사랑은
너나 나나
똑같으니 좋다
낮아져 있으면서도
정중하니 좋다

사랑은
하늘만큼 넓어지니 좋다
하늘로부터 와서 좋다
내 안에 가득하니 좋다

사랑받은
사람

하늘로부터
생명을 부여받아
햇빛과 비를 주어
이슬 머금어

산으로부터
울창한 숲속에서
맑은 공기
시원한 바람 불고

바다로부터
울음 섞인 파도 속에
너의 온갖 투정
말없이 받아 삼키고

부모로부터
낳으시고 기르시고
정갈하게 씻어
눈물 섞은 사랑 받아

주님으로부터
몸 주고 피를 주어
죄인 낙인 떼어주고
약속의 자녀 삼아주었는데

그토록 받은 몸이
아직도 무엇이 그리 부족하냐
너는 언제나 한 번이라도
사랑 주고 살 거나

강아지 사랑

통통 부른 배를
감싸안고
낑낑거리더니
이쁜 새끼를
세 마리나
낳았네

밥도 먹지 않고
밖에 나오지도 않고
품 안에 젖 물리고
온몸을 핥아
말리고 씻고 닦아
강아지를 만들고

라마순 태풍 속
꾸질꾸질한 방에서
우는 아이 품에 안고
밤을 새워 달래더니
아침에는 멀쩡하여
행복한 아침일세

눈도 뜨지 않은 것이
마실 나간 엄마를
머리 둘러 젖을 찾고
따뜻한 엄마 품을
내내 그리워하는 강아지도
엄마 사랑 떠날 수 없음일세

팔복

가난하기에
매일 애를 태우며
아주 작은 일인데도
너무 슬퍼 울었더니
평안해져 버렸습니다

쓴 나물 같지도 않으면서
달지도 않은 우유처럼
옳은 일을 위해
목말라 하였더니
오히려 배가 부릅니다

사람들이 불쌍하여
내 살을 떼어 먹이고
내 마음을 깨끗하게 씻었더니
주님이 내 안에서
좋아하십니다

싸움판에 들어가
두 손 잡게 했더니
내가 저들의 원수가 되었으나
주님이 내 손 잡아주시니
나는 행복한 사람입니다

하늘
평화

이슬을 마시고 싶다
이슬비라도 좋다
하늘의 것이라면
소낙비라도 좋다

오염된 먼지를 쓸어내리고
흙탕물을 쏟아내어도
찢어진 내 마음을
꿰매야 하니
더욱 하늘의 이슬이어야 한다

상한 내 마음으로
누구를 꿰맬 수 있으랴
내 가슴이 온전치 못하니
어느 누구에게
평화를 선물하랴

새벽길을 걸으며
이슬에 젖고 싶다
하늘에서 내리는 것으로
온몸을 적시고 싶다

만나는 이마다
하늘 평안을 전하고 싶다
가득 채워진 것으로
온전히 적신 몸으로

샬롬아

샬롬아
샬롬아
너 지금 어디 있느뇨
애타게 부르는 저 소리
들리지 않느냐

돈으로 사고
권세로 빼앗아
명예로 간직하려
큰 보자기 준비하고
널 어지간히 찾더라니

땅에서 솟는 줄 알고
돈줄 타고 오는 줄 알고
남을 꺾어야 하는 줄 알고
밤새 잠 못 이루며
진흙탕 밟아가며 싸우는데

너는 너는
마패든 암행어사처럼
바람과 함께 오듯
하늬바람 타고
하늘로부터 오누나

마구간 구유에 누인
가난한 자 찾아
스스로 내려서서
십자가 지고 죽어주신
바로 그로부터 오누나

제 10장

소망

새천년 첫해

쏟아져 내려오는
2001년 정월
초하루 햇빛
눈이 부셔
쳐다볼 수가 없네

태초에
하나님 사랑
사람에 비치고
어둠에 비춰
"생명이여, 일어나라" 하심이라네

장구한 세월
쏜살같이 달려
태고의 그 맛
보여주려고
나에게 내려온 거라네

수많은 은하수
오염된 하늘
쓸데없는 소리
온갖 방해꾼들의 모사
열심히 뚫고 달려왔다네

단 한 번 비치고는
없어져 버릴 신선한 태양 빛도
사실은
계속해서 내려오는
하나님의 은총이라네

이글거리는 태양처럼
오늘도 변함없는
선물이 되어
눈부시게
내게 쏟아지고 있는 거라네

오늘만

오늘 걷는 거리에
가시엉겅퀴를 뽑고
돌자갈을 줍고
양쪽 가에는 고랑을 내어
물 빠짐이 좋게 하고
높은 둑을 깎아
깊은 골을 메우고
빗자루로 가지런히 쓸었습니다

심란했던 마음에
가난을 가득 담고
비관 섞인 가슴에
감사의 꽃을 채우고
우울했던 얼굴에
환한 광채를 심으니
오늘도 행복의 마차로
새 길을 걸어갑니다

뼈아픈 실수로
잠 못 이룰 땐
가슴을 비워
무릎 꿇고 사죄하고
내일의 염려로
가슴이 아릴 때는
오늘부터 내려놓고
새로 시작하겠습니다

앞을 가리는 눈물이
따뜻할 때면
눈물을 닦지 않고
속으로 흐르는 눈물이
피눈물이면
오늘만 닦겠습니다
기약 없는 내일도
오늘로 살겠습니다

호시절
가을

얼마나 좋던지
태풍을 일곱 번을 세더라도
오래도록 함께 살고 싶다

하늘과 땅이 열리고
만물이 움직이던 봄에는
아무나 덩달아 나올 수 있었다

너무 덥던 그 여름엔
후덥지근 궂은 비로
궁둥이까지 축축해서
마를 새가 없고

여러 번 태풍까지 불러와
심술을 부리더니만
간다는 말도 없이 가버렸네

호시절 이 가을에
하늘이 맑고 바람도 청명하니
부지런한 사랑으로 잘 익혀
구슬땀을 알곡으로 바꾸어가자

나로
안식하게
하라

나의 안식일이다
천지와 만물이 다 이루었으니
내 하던 일 다 마치고 안식하노라

나의 안식일이라
거룩하니라
이날을 거룩하게 하노라

엿새 동안이
다 너희를 위함이니
너희도 안식하라

네 아내나 아들이나 딸이나
종이나 짐승까지도 안식하게 하라
그리하여 나로 안식하게 하라

병든 자도 마귀에게 시달린 자도
죄인도 풀어주어 안식하게 하라
그래야 내가 안식할 수 있다

수고하고 무거운 짐 진 자들아
다 나의 안식에 들어오라
나는 안식일의 주인이니라

나는 꿈을 꾸리라

나는 꿈을 꾸리라
정유년 새해
간밤에 꾸지 못했어도
오늘 나는 꿈을 꾸리라

섣달그믐도 지났고
새해 첫날인데
이날이 가기 전에
오늘이라도 꿈을 꾸어야지

끝났다 낙심하는 이 시간에
다시 오지 못할 이 날
광야에 길이 나고
사막에 강이 나는 꿈을 꾸리라

내 인생 여정
오늘을 위한 어제였다면
또 내일을 위한 오늘이리니
오늘이라도 꿈을 꾸어야지

이루시는 분은
하나님이신데
함께하시는 성령님과 함께
꿈을 꾸리라

부르심

아브람아
갈대아 우르에 있는 자야
메소포타미아에 사는 자야

우상에 빠져있는 자야
그 문명을 떠나
아비 집 관습에서도 떠나
내가 지시할 땅으로 갈 수 있겠느냐

미지의 땅이다
이보다 훨씬 더 근면이 필요하고
더 기도가 필요하고

훨씬 더 하나님이 필요하니
나의 도움 없이 살 수 없는 땅
그런 땅으로 갈 수 있겠느냐

약속하리라
이보다 척박한 땅에서
젖과 꿀이 흐르게 하겠다

하늘의 신령한 이슬과
땅의 기름진 복으로
너와 네 자손과 영원까지 책임지겠다

넌 훌륭한 아비만 되면 안 되겠느냐
나는 너를 복으로 삼아
모든 민족의 아비를 삼겠다

너는 나의 아들 되고
나는 너의 하나님이 되어
네 이름을 창대하게 하리라

이삭의 우물

우물을 파자
우물을 파자
내가 할 수 있는 일
이 밖에 무엇이랴

남이야
어찌하든
이 땅에서 이보다
더 귀한 것 또 무엇이랴

비웃음을 뒤로하고
부지런히 우물을 파자
하나로 부족하면
다른 하나를 더 파고

그도 안 되면
또 다른 하나를 더 파고
생수가 나올 때까지
콸콸 솟아날 때까지

원수들이 메워버려
훼방하더라도
부지런히
우물을 파자

땅속의 생수가
하늘 생수가 되기까지
더 넓게 더 깊게
결국 거부가 될 때까지